AF444300

© واحة الحكايات للنشر والتوزيع
الإمارات العربية المتحدة
واحة دبي للسليكون

Wahat Alhekayat publishing
and distribution
Dubai - UAE

UAE:  0097143336366
00971504599804
00971558236687
E: info@wahatalhekayat.com

متجر واحة الحكايات
www.wahatalhekayat.com

أكاديمية واحة الحكايات
مكتبة إلكترونية ومنصة تعليمية
www.wahatalhekayat.academy

سلسلة لكل حرف حكاية
قصة: تاها في متاهة
تأليف: صفاء عزمي
رسوم: زينة المسيري
ISBN 9789948235057
حقوق الطبع محفوظة
الطبعة الثانية عام 2023

# تاها في متاهة

تأليف: صفاء عزمي

رسوم: زينة المسيري

**سلسلة لكل حرف حكاية:**

- مجموعـة مكونة مـن 28 قصة مرتبة تبعا لترتيب واحةِ الحِكاياتِ للحُروف العربية

تـمَّ ترتيبُ الحُروفِ العربيَّةِ ترتيبًا جديدًا (أ ن ب ر و هـ ز ... غ)، وهُوَ ترتيبٌ خاصٌّ بواحةِ الحِكاياتِ، ومُستوحًى مِنَ التَّرتيبِ الأبجِديّ (أ ب ج د هـ و ز... غ).

- تـمَّ تقسيمُ الحُروفِ (28 حرفًا) إلى 7 مجموعاتٍ (كلُّ مجموعةٍ 4 حروف).

- تمَّ اختيارُ الحُروفِ الأربعةِ في كلّ مجموعةٍ على أساسِ سُهولةِ التَّمييزِ فيما بينَها، منْ ناحيةِ الشَّكلِ والنُّقاطِ على الحَرفِ، وذلكَ تمهيدًا لتقديمِ ومُراجعةِ كُلِّ 4 حُروفٍ و 4 قصصٍ في فترةٍ زمنيَّةٍ مُتقاربة.

- كما تمَّ اختيارُ بعضِ الحُروفِ مِنَ الكلماتِ الأكثرِ شُيوعًا في مرحلةِ الرَّوضةِ والصفِّ الأوَّلِ، مثل: (أنا- هُـــو- هي- هُنا- هُنـاك- كانَ- لا- لي- لَعِب- رَسْم)، ووضْعُها في مكانٍ متقدِّمٍ من ترتيبِ واحةِ الحِكاياتِ، وأيضًا اختيارُ الحُروفِ الأكثرِ استعمالًا في اللُّغـةِ العربيَّةِ، ووضْعُها في مكانٍ مُتقدِّمٍ مِنْ ترتيبِ واحةِ الحِكايات.

أ ن ب ر و هـ ز ي ك ل م ض خ ت د ص ج س ذ ف ح ع ق ط ظ ش ث غ

هَيا وهاني يَلْعَبانِ في مَتاهَةٍ... كانَ الِاثْنانِ يَبْحَثانِ عَنْ طَريقٍ لِلْخُروجِ ولا يَعْرِفانِ كَيْفَ يَخْرُجانِ.

وفَجْـأةً وقَعَ هُدْهُدٌ صَغيرٌ... أرْجُلُهُ مُعَلَّقَةٌ في شَبَكَةِ صَيّادٍ...

أَخَذَتْ هَيا تُساعِدُ هاني كَيْ يُخَلِّصا
الهُدْهُدَ مِنَ الحِبالِ بِهُدوءٍ وحَنانٍ...

7

ثُمَّ راحَتْ تَقولُ: هَيّا... هَيّا... طِرْ في الهَواءِ،
والْحَقْ بِأُمِّكَ والأصدِقاءِ.

9

فَرِحَ الهُدْهُدُ الصَّغيرُ وطارَ في الحالِ.

# 

قالَ هاني: والآنَ كَيْفَ سَنَخْرُجُ؟
قالَتْ هَيا: انْظُرْ يا هاني...
الهُدْهُدُ الكَبيرُ يُشيرُ إلَيْنا...
هَيّا نَجْرِ وراءَهُ.

13

وَخَرَجَتْ هَيا وهاني مِنَ الـمَكانِ...
والهُدْهُدُ الصَّغيرُ طارَ مَعَ أُمِّهِ
وأَحَسَّ بِالأمانِ.

15

نِقاشٌ: كَيْفَ ساعَدَ الصِّغارُ الهُدْهُدَ؟

تَفْكيرٌ: لِماذا لَمْ يَعْرِفِ الصَّغيرانِ كَيْفَ يَخْرُجانِ مِنَ الـمَتاهَةِ؟

تَأَمُّلٌ: في صَفْحَةِ (4-5) يوجَدُ حَيَوانٌ وَحيدٌ، ما هُوَ؟ وماذا يَفْعَلُ؟

اِقْتِراحٌ: أَقْتَرِحُ عُنْوانًا جَديدًا لِلقِصَّةِ.

وَصْفٌ: أَبْحَثُ عَنْ طائِرٍ يُعْجِبُني، وأصِفُهُ بِعِدَّةِ كَلِماتٍ.
مِثالٌ: بَبَّغاءُ أَخْضَرُ، لَطيفٌ، يَتَكَلَّمُ.

أفْكارٌ لِلْأُسْرَةِ والمُعَلِّمِ


- في الصَّفْحَةِ المُقابِلَةِ، نَجِدُ مَجْموعَةً مِنَ الأفْكارِ الَّتي تُساعِدُ عَلَى تَنْمِيةِ مَهاراتٍ أساسِيَّةٍ لَدَى الطِّفْلِ، مِثْلَ: القُدْرَةِ عَلَى النِّقاشِ والتَّفْكيرِ التَّحْليلي النّاقِدِ، وقُوَّةِ المُلاحَظَةِ، والتَّواصُلِ، والإِبْداعِ.

- يُمْكِنُ أنْ نَأْخُذَ بِهَذِهِ الأفْكارِ، جَميعِها أوْ بَعْضِها.

- يُمْكِنُ أنْ نُكَرِّرَ قِراءَةَ القِصَّةِ، وفي كُلِّ مَرَّةٍ نَخْتارُ بَعْضَ الأفْكارِ لِنُناقِشَها.

- إذا أحَسَّ الطِّفْلُ بِالنُّعاسِ أثْناءَ القِصَّةِ، مِنَ الأفْضَلِ أنْ نَتَوَقَّفَ ونُكْمِلَ القِصَّةَ لاحِقًا.

- في بَعْضِ الأحْيانِ يُجيبُ الطِّفْلُ عَلَى النِّقاشِ بـ«نَعَمْ» أوْ «لا»، أوْ بِكَلِمَةٍ واحِدَةٍ. في هَذِهِ الحالَةِ أُعْطي الطِّفْلَ بَعْضَ الوَقْتِ؛ كَيْ يَبْحَثَ عَنْ جُمْلَةٍ أوْ فِكْرَةٍ، ويُمْكِنُ أنْ أُحَفِّزَهُ عَلَى الاسْتِمْرارِ في الحَديثِ بِكَلِماتٍ مِثْلَ: أحْسَنْتَ، رُبَّما، لِماذا؟ كَيْفَ؟ أيْنَ؟ هَلْ تُحِبُّ؟ هَلْ تَعْتَقِدُ؟

- الهَدَفُ مِنْ هَذِهِ القِصَصِ لَيْسَ فَقَط الاسْتِمْتاعَ بِالقِراءَةِ، وتَعَلُّمَ الحُروفِ، ولَكِنَّهُ أيْضًا رَبْطُ أحْداثِ القِصَّةِ والشَّخْصِيّاتِ والأماكِنِ بِعالَمِ الطِّفْلِ، وتَنْمِيةُ هِواياتِهِ وقُدْرَتِهِ عَلَى التَّعْبيرِ.